MATH 5
A TEACHING TEXTBOOK

MATH 5

ANSWER BOOKLET

Greg Sabouri
Shawn Sabouri

Teaching Textbooks, Inc.

Math 5: A Teaching Textbook™
Answer Booklet
Greg Sabouri and Shawn Sabouri

Printed in the United States of America.

ISBN: 978-0-9797265-5-2

Teaching Textbooks, Inc.
P. O. Box 60529
Oklahoma City, OK 73146
www.teachingtextbooks.com

Practice 1

- **a.** Even
- **b.** Odd
- **c.** 19
- **d.** 14
- **e.** 25

Problem Set 1

1. False
2. True
3. Odd
4. Even
5. Even
6. Even
7. Odd
8. Odd
9. Even
10. Odd
11. Odd
12. Even
13. 13
14. 16
15. 21
16. 20
17. 7
18. 17
19. 15
20. 16

Practice 2

- **a.** E
- **b.** 3
- **c.** 415,257
- **d.** 605
- **e.** 19

Problem Set 2

1. True
2. True
3. Even
4. Odd
5. 24
6. 29
7. C
8. E
9. 11
10. 15
11. 19
12. 8
13. 7
14. 42,768
15. 947,012
16. 832
17. 3,174
18. 618,635
19. 403
20. 17

Practice 3

- **a.** 2
- **b.** 9,605
- **c.** 19
- **d.** B
- **e.** B

Problem Set 3

1. False
2. True
3. B
4. D
5. Odd
6. Even
7. 6
8. 2
9. 9,736
10. 854,901
11. 8,627
12. 14,117
13. 7,802
14. 28
15. 29
16. A
17. B
18. E
19. C
20. D

Practice 4

- **a.** 38
- **b.** 36,215,037
- **c.** 114,583,476
- **d.** C
- **e.** E

Problem Set 4

1. True
2. True
3. 27
4. 17
5. F
6. E
7. 589,734
8. 8,762,154
9. 3
10. 2
11. Even
12. Odd
13. 2,134,658
14. 61,714,052
15. 216,945,638
16. B
17. C
18. C
19. A
20. C

Practice 5

- **a.** 523,417 < 532,417
- **b.** 875,430
- **c.** 948; 958; 989
- **d.** 99
- **e.** C

Problem Set 5

1. False
2. False
3. 93,939 > 9,393
4. 647,985 < 674,985
5. 47,931 > 47,913
6. 29
7. 83,561,704
8. Even
9. 7,643
10. 986,530

11. 956; 965; 1,312
12. 602; 613; 632
13. 999
14. 2
15. E
16. 93,605,718
17. 134,803,517
18. E
19. D
20. A

Practice 6

a. 14,356 < 14,365
b. 936; 963; 1,120
c. 10
d. 98,731
e. 123,456

Problem Set 6

1. True
2. True
3. False
4. 11
5. 12
6. 16
7. 18
8. F
9. 6,543 > 6,453
10. 78,997 > 78,979
11. 934; 943; 1,122
12. 54,470
13. 100
14. 5,104,202
15. 46,350,011
16. E
17. E
18. 76,210
19. 975,210
20. 123,458

Practice 7

a. 634,152 > 634,125
b. 312; 321; 323
c. 94,503,001
d. 765,310
e. 145,679

Problem Set 7

1. False
2. True
3. True
4. 13
5. 2
6. 1
7. 15
8. 16
9. 3
10. D
11. 82,752 > 82,152
12. 721,389 < 721,398
13. 822; 825; 831
14. 23,740,008
15. B
16. E
17. 76,531
18. 875,421
19. 23,789
20. 456,789

Quiz 1

1. True
2. False
3. Even
4. Odd
5. 17
6. 6
7. E
8. 13
9. 22
10. 23
11. 328,479
12. 1,830,264
13. 13,964,172
14. 657,005
15. C
16. 7,560 > 7,460
17. 43,868 < 43,886
18. 15
19. 4
20. 14
21. 3
22. 967; 976; 1,202
23. 875,431
24. 123,489

Practice 8

a. 98
b. 32
c. 70,021,006
d. 801; 810; 811
e. 125,578

Problem Set 8

1. False
2. True
3. E
4. D
5. 75
6. 59
7. 31
8. 16
9. 89
10. 21
11. 24,960,713
12. 40,056,003
13. 3,321 > 3,231
14. 26,746 < 26,748
15. 119; 129; 1,131
16. 678; 679; 687
17. 87,653
18. 983,210
19. 654,310
20. 12,369
21. 34,568
22. 134,457

Practice 9

a. 8
b. 12
c. 20,006,008
d. 343,344,347
e. 133,568

Problem Set 9

1. True
2. True
3. True
4. 31
5. 89
6. 52
7. 3
8. 4
9. 6
10. 8
11. 11
12. 17
13. 114,870,509
14. 10,007,004
15. 168; 175; 186
16. 211; 213; 214
17. C
18. D
19. 654,321
20. 986,532
21. 345,779
22. 134,789

Practice 10

a. 30,012,000
b. 938,939,993
c. 13
d. 50
e. 20

Problem Set 10

1. True
2. True
3. E
4. C
5. 50,019,000
6. 514; 524; 535
7. 837; 838; 883
8. 10
9. 40
10. 60
11. 2
12. 5
13. 11
14. 92,510 < 101,210
15. 80,228 > 80,182
16. 87,632
17. 976,521
18. 12,356
19. 233,568
20. 70
21. 110
22. 40

Practice 11

a. 8,000,124
b. 84
c. 131
d. 11
e. 20

Problem Set 11

1. True
2. True
3. 4
4. 2
5. C
6. E
7. 4,876,203
8. 5,000,492
9. 10,513 > 9,891
10. 22,815 < 22,851
11. 876,443
12. 123,459
13. 85
14. 132
15. 126
16. 91
17. 7
18. 18
19. 14
20. 90
21. 150
22. 30

Practice 12

a. 11,005,006
b. 21
c. 60
d. 18
e. 133

Problem Set 12

1. False
2. True
3. 45
4. 52
5. 15
6. 84
7. 11
8. 70,401
9. 14,003,002
10. 8
11. 19
12. 12
13. C
14. A
15. 80
16. 50
17. 30
18. 17
19. 14
20. 142
21. 163
22. 181

Practice 13

a. 42,000,012
b. 26
c. 101
d. 821
e. 352

Problem Set 13

1. False
2. True
3. 94
4. 21
5. 82
6. 145,037
7. 20,000,019
8. D
9. B

10. 9
11. 22
12. 18
13. 983,220
14. 123,589
15. 60
16. 50
17. 80
18. 17
19. 173
20. 425
21. 621
22. 114

Practice 14
a. 50,000,068
b. 29
c. 700
d. 194
e. 1,100

Problem Set 14
1. True
2. True
3. 2,677,014
4. 90,000,017
5. A
6. C
7. 20
8. 24
9. 27
10. 964,320
11. 123,356
12. 300
13. 700
14. 200
15. 166
16. 106
17. 431
18. 411
19. 212
20. 900
21. 800
22. 500

Quiz 2
1. False
2. True
3. F
4. 70,537,600
5. 80,000,029
6. 23
7. 31
8. 743,210
9. 136,679
10. 11,120 > 9,978
11. 54,302 < 54,320
12. 81
13. 51
14. 23
15. 16
16. 178
17. 784
18. 1,227
19. 313
20. 500
21. 700
22. 400
23. 900
24. 800

Practice 15
a. 200
b. 193
c. 700
d. 125 baseball cards
e. 24 toys

Problem Set 15
1. True
2. False
3. 11,850,260
4. 9,000,005
5. E
6. A
7. 16
8. 28
9. 970; 975; 1,001
10. 900
11. 500
12. 147
13. 139
14. 817
15. 933
16. 212
17. 334
18. 100
19. 400
20. 500
21. 46 daisies
22. 32 hamburgers

Practice 16
a. 19
b. VI
c. 600
d. 41 books
e. 51 die cast cars

Problem Set 16
1. True
2. True
3. D
4. 25
5. 32
6. 801,000,016
7. 400
8. 100,240 > 97,956
9. 81,281 > 81,280
10. 182
11. 153
12. 730
13. 4
14. 12
15. 29
16. III
17. VII
18. IX
19. 600
20. 200
21. 40 points
22. 22 paper doll cutouts

Practice 17

a. 164
b. XXXIV
c. 600
d. 171 candies
e. 55 ice cream bars

Problem Set 17

1. False
2. True
3. A
4. 30
5. 36
6. 10,300,008
7. 300
8. 876,320
9. 123,349
10. 324
11. 443
12. 261
13. 151
14. 154
15. 17
16. XXXI
17. XXIV
18. XXXIX
19. 800
20. 1,000
21. 133 books
22. 23 missiles

Practice 18

a. 27
b. LIX
c. 900
d. 30 years old
e. 21 balloons

Problem Set 18

1. True
2. True
3. C
4. 37
5. 39
6. 58
7. 67
8. 170
9. XXXV
10. LIII
11. LXIX
12. 193
13. 137
14. 820
15. 712
16. 427
17. 402
18. 600
19. 900
20. 24 chairs
21. 36 years old
22. 21 calls

Practice 19

a. XI
b. 3+3+3+3+3
c. 5×9
d. 74 feet
e. 43 gumdrops

Problem Set 19

1. True
2. True
3. False
4. 72
5. 166
6. LXXXIV
7. XIII
8. 1,021
9. 421
10. 365
11. 114
12. 181
13. 8+8+8
14. 9+9+9+
9+9+9
15. 4+4+4+4+4
16. 6×2
17. 9×8
18. 4×11
19. 100
20. 400
21. 65 feet
22. 105 pages

Practice 20

a. LXXI
b. 7+7+7+7+
7+7+7+7
c. 18
d. 33 cans
e. 31 diamond rings

Problem Set 20

1. True
2. False
3. False
4. 118
5. 34
6. LXVII
7. LXXXI
8. 196
9. 1,015
10. 514
11. 124
12. 3+3+3+3
13. 5+5+5+5+
5+5+5+5+5
14. 7×6
15. 9×9
16. 0
17. 49
18. 14
19. 500
20. 1,000
21. 24 green apples
22. 12 specialty
bouquets

Practice 21

a. 40
b. 3+3+3+3+
3+3+3+3
c. 36
d. 34 buildings

e. 60 fish

Problem Set 21

1. True
2. False
3. 922
4. 622
5. 121
6. 42
7. XXVI
8. CLII
9. 4+4+4+4+ 4+4+4+4
10. 2+2+2+2+ 2+2+2
11. 6×3
12. 9×6
13. 20
14. 35
15. 40
16. 27
17. 54
18. 81
19. 200
20. 500
21. 43 drag racers
22. 52 pretzels

Quiz 3

1. True
2. False
3. 221
4. 306
5. XXXII
6. CXXI
7. 203
8. 387
9. 1,312
10. 215
11. 560
12. 3+3+3+ 3+3+3
13. 4+4+4+4+4+ 4+4+4+4
14. 8×8
15. 9×7
16. 0
17. 32
18. 8
19. 30
20. 63
21. 800
22. 100
23. 73 seashells
24. 47 years old

Practice 22

a. 75
b. 5+5+5+5+ 5+5+5
c. 24; 40; 48; 64; 80
d. 124 miles
e. 68 army men

Problem Set 22

1. True
2. True
3. 36
4. 85
5. CXVII
6. CLX
7. 170
8. 404
9. 634
10. 4+4+4+4+ 4+4+4
11. 6+6+6+6+6+ 6+6+6+6
12. 6×7
13. 8×3
14. 0
15. 6
16. 72
17. 9; 15; 18; 24; 30
18. 8; 20; 24; 36; 44
19. 18; 36; 42; 54; 60
20. 14; 28; 42; 56; 70
21. 141 miles
22. 59 ribbons

Practice 23

a. CCCXXV
b. 7+7+7+7+7+ 7+7
c. 39
d. 12 photographs
e. 41 hair ties

Problem Set 23

1. True
2. True
3. True
4. 29
5. CCXV
6. 4+4+4+ 4+4+4
7. 5+5+5+5+5
8. 9×4
9. 8×5
10. 40
11. 80
12. 55
13. 36; 72; 120
14. 35
15. 24
16. 36
17. 28
18. 69
19. 88
20. 96
21. 36 bowls of custard
22. 35 jean patches

Practice 24

a. LV
b. 42
c. 480
d. 51 pairs of floral flip-flops
e. 41 points

Problem Set 24

1. True

2. True
3. 350
4. LXV
5. 9+9+9+9+9
6. 8+8+8+8+
8+8+8+8
7. 6×5
8. 7×7
9. 24
10. 42
11. 33
12. 66
13. 84
14. 84
15. 60; 96; 108
16. 90
17. 60
18. 150
19. 350
20. 480
21. 57 cans of neon green paint
22. 38 foul balls

Practice 25

a. LXXV
b. 48
c. 41 people
d. 60
e. 350

Problem Set 25

1. False
2. True
3. 207
4. LXXXV
5. 7+7+7+7+
7+7
6. 2+2+2+2+
2+2+2+2
7. 5×2
8. 8×6
9. 21
10. 44
11. 44
12. 93
13. 128
14. 120; 132; 144
15. 43 buildings
16. 51 passengers
17. 90
18. 40
19. 200
20. 400
21. 210
22. 720

Practice 26

a. MC
b. 86 inches
c. 480
d. 286
e. 1,866

Problem Set 26

1. True
2. True
3. 251
4. MMCC
5. 5+5+5+5+
5+5+5+5
6. 2+2+2+2+2+
2+2+2+2
7. 8×7
8. 9×3
9. 13 paces
10. 78 inches
11. 108; 132; 144
12. 490
13. 160
14. 640
15. 81
16. 77
17. 46
18. 328
19. 288
20. 246
21. 2,484
22. 2,499

Practice 27

a. MCL
b. 240
c. 1,468
d. 19 water balloons
e. 72 cans of cola

Problem Set 27

1. 85
2. MMCCL
3. 4+4+4+4+4+
4+4+4+4
4. 5+5+5
5. 10×4
6. 8×10
7. 16
8. 88
9. 48
10. 120
11. 320
12. 450
13. 66
14. 366
15. 368
16. 282
17. 1,569
18. 3,648
19. 5,677
20. 26 colored crayons
21. 35 miles
22. 105 peanut butter candies

Practice 28

a. 210
b. 444
c. 4,844
d. 49 years old
e. 90 laptops

Problem Set 28

1. True
2. True
3. 106
4. MMCX

5. 9+9+9+9+ 9+9+9
6. 3+3+3+3+3+ 3+3+3+3
7. 5×4
8. 9×5
9. 66
10. 84
11. 96
12. 240
13. 200
14. 480
15. 81
16. 576
17. 570
18. 699
19. 1,664
20. 5,052
21. 51 years old
22. 72 batons

Quiz 4

1. True
2. False
3. 265
4. MV
5. 2+2+2+ 2+2+2
6. 9+9+9+9+ 9+9+9+9
7. 7×3
8. 6×12
9. 24; 40; 56; 72; 80
10. 24; 48; 72; 108; 144
11. 0
12. 40
13. 99
14. 240
15. 250
16. 490
17. 82
18. 348
19. 602
20. 393
21. 1,448
22. 5,392
23. 31 missiles
24. 64 batteries

Practice 29

a. 240
b. 1,888
c. 105
d. 41 bones
e. 144 animal crackers

Problem Set 29

1. True
2. True
3. 103
4. MLXX
5. 2+2+2+2+2
6. 9+9+9+9+9+ 9+9+9+9
7. 7×5
8. 7×11
9. 120
10. 560
11. 280
12. 272
13. 399
14. 474
15. 2,048
16. 1,914
17. 3,630
18. 96
19. 140
20. 216
21. 51 touchdowns
22. 110 brownies

Practice 30

a. 3,012
b. 240
c. Line segment
d. 8
e. 2 inches

Problem Set 30

1. False
2. False
3. D
4. A
5. MMMC
6. 12+12+12+12+ 12+12+12
7. 160
8. 350
9. 92
10. 330
11. 768
12. 292
13. 1,095
14. 5,688
15. 70
16. 72
17. 144
18. 51 years old
19. 60 French fries
20. Line
21. 16
22. 6 inches

Practice 31

a. 2,862
b. 96
c. 11 feet
d. B
e. D

Problem Set 31

1. True
2. False
3. 320
4. 8×11
5. 496
6. 348
7. 625
8. 1,196
9. 4,456
10. 7,416
11. 108
12. 280

13. 84
14. 210
15. 540
16. 30
17. 5 feet
18. C
19. E
20. A
21. 25 cans of soda
22. 75 oranges

Practice 32

a. 1,708
b. 144
c. 15 inches
d. C
e. B

Problem Set 32

1. False
2. False
3. True
4. MMXII
5. 10+10+10+10+ 10+10+10
6. 3,380
7. 5,988
8. 7,857
9. 84
10. 108
11. 180
12. 480
13. 810
14. 24
15. 6 inches
16. B
17. D
18. D
19. A
20. C
21. 53 years old
22. 72 holes of golf

Practice 33

a. 2,292
b. 0
c. E
d. C
e. D

Problem set 33

1. True
2. True
3. 212
4. 9×12
5. 3,451
6. 4,432
7. 8,217
8. 0
9. 112
10. 180
11. 360
12. 630
13. 54 inches
14. 20 yards
15. A
16. C
17. B
18. A
19. B
20. C
21. 2 gallons of gasoline
22. 115 students

Practice 34

a. 26 feet
b. Isosceles
c. Scalene
d. 66 years old
e. 88 shoes

Problem Set 34

1. False
2. True
3. False
4. MMMIX
5. 11+11+11+11+ 11+11+11+11
6. 4,104
7. 2,830
8. 6,881
9. 40
10. 56
11. 324
12. 150
13. 560
14. 42 feet
15. E
16. B
17. D
18. Isosceles
19. Scalene
20. Equilateral
21. 54 years old
22. 100 tires

Practice 35

a. Scalene
b. Obtuse
c. Isosceles acute
d. 4 letters
e. 224 pepper plants

Problem Set 35

1. False
2. True
3. False
4. 351
5. 7×12
6. 2,176
7. 3,828
8. 6,489
9. 72
10. 175
11. 504
12. 250
13. 630
14. 21 yards
15. A
16. Scalene
17. Right
18. Obtuse

19. Equilateral Acute
20. Isosceles Acute
21. 25 pairs of ice skates
22. 72 colored pens

Quiz 5

1. True
2. False
3. MIV
4. 11+11+11+11
5. 5×13
6. 399
7. 2,048
8. 1,914
9. 3,630
10. 0
11. 315
12. 96
13. Line
14. 27
15. 32 feet
16. C
17. D
18. B
19. C
20. Isosceles
21. Right
22. Equilateral acute
23. 59 free throws
24. 144 stickers

Practice 36

a. Isosceles obtuse
b. Quadrilateral
c. Hexagon
d. 50 stamps
e. 90 bottles of water

Problem set 36

1. False
2. False
3. True
4. 4,158
5. 1,990
6. 7,344
7. 576
8. 210
9. 180
10. 180
11. 560
12. 40 feet
13. Isosceles
14. Obtuse
15. Isosceles obtuse
16. Triangle
17. Quadrilateral
18. Pentagon
19. Hexagon
20. Octagon
21. 14 stuffed animals
22. 125 balloons

Practice 37

a. Octagon
b. 18
c. 36 feet
d. 58 years old
e. 60 pom-poms

Problem Set 37

1. True
2. True
3. 2,208
4. 1,791
5. 4,788
6. 96
7. 126
8. 0
9. 240
10. 630
11. 36 inches
12. Equilateral
13. Right
14. Isosceles acute
15. Hexagon
16. Octagon
17. 26
18. 17 yards
19. 37 inches
20. 42 feet
21. 59 years old
22. 168 gallons of radioactive sludge

Practice 38

a. 20 feet
b. 64 square feet
c. 60 square inches
d. 42 snacks
e. 132 rockets

Problem Set 38

1. True
2. True
3. True
4. 4,140
5. 3,213
6. 162
7. 192
8. 350
9. 400
10. 42 inches
11. Obtuse
12. Equilateral acute
13. Quadrilateral
14. Pentagon
15. 36 feet
16. 43 inches
17. 45 square yards
18. 49 square feet
19. 21 square feet
20. 90 square inches
21. 41 thank you notes
22. 88 jelly beans

Practice 39

a. 28
b. 75 square inches
c. $\frac{1}{4}$
d. 74 pitches
e. 63 sandwiches

Problem Set 39

1. True
2. True
3. False
4. 2,928
5. 1,614
6. 90
7. 224
8. 420
9. 420
10. 50 feet
11. Isosceles obtuse
12. Octagon
13. 32 yards
14. 24 feet
15. 48 square feet
16. 81 square yards
17. $\frac{2}{3}$
18. $\frac{3}{5}$
19. $\frac{3}{4}$
20. $\frac{5}{6}$
21. 54 pounds
22. 126 pieces of wood

Practice 40

a. 11,422
b. 14,611
c. $\frac{1}{3}$
d. 21 spaces
e. 70 ice cubes

Problem Set 40

1. False
2. True
3. 4,591
4. 4,823
5. 10,330
6. 4,590
7. 7,736
8. 144
9. 343
10. 66 feet
11. Equilateral acute
12. Pentagon
13. 48 inches
14. 30 feet
15. 42 square yards
16. 126 square inches
17. 48 square yards
18. 65 square feet
19. $\frac{3}{5}$
20. $\frac{1}{6}$
21. 11 copies of the book
22. 60 strawberries

Practice 41

a. 13,122
b. 47
c. $\frac{3}{4}$
d. 59 fish
e. 200 slices of pizza

Problem Set 41

1. True
2. True
3. 8,610
4. 13,022
5. 34
6. 59
7. 39
8. 17
9. 22
10. 7,936
11. 120
12. Isosceles acute
13. 21 yards
14. 35 feet
15. 72 yards
16. 25 square yards
17. 102 square feet
18. 133 square feet
19. $\frac{3}{8}$
20. $\frac{4}{7}$
21. 64 feet
22. 192 flowers

Practice 42

a. 10,331
b. 4
c. 4,000
d. 14 steaks
e. 54 donuts

Problem Set 42

1. False
2. False
3. 8,204
4. 11,111
5. 8
6. 27
7. 69
8. 36
9. 1,770
10. 378
11. 2,000
12. 5,000
13. 4,000
14. 7,000
15. 6,000
16. 8,000
17. Isosceles obtuse
18. 21 feet
19. 144 square yards
20. $\frac{1}{6}$
21. 23 box lunches
22. 98 basketball jerseys

QUIZ 6

1. True
2. True
3. 3,531
4. 12,040
5. 27
6. 37
7. 15
8. 57
9. 4,392
10. 7,425
11. 3,000
12. 7,000
13. 9,000
14. 7,000
15. 8,000
16. 10,000
17. 2,000
18. Isosceles acute
19. 32 feet
20. 128 square yards
21. $\frac{3}{8}$
22. $\frac{5}{7}$
23. 75 years old
24. 80 spider eyes

Practice 43

a. 26
b. 3,000
c. 65.35
d. 13 pieces of paper
e. 168 slices of bread

Problem Set 43

1. True
2. True
3. D
4. E
5. 7,100
6. 11,123
7. 49
8. 38
9. 36
10. 3,558
11. 5,796
12. 7,000
13. 4,000
14. 8,000
15. 5,000
16. 2
17. 92.56
18. 72 feet
19. 126 square yards
20. $\frac{3}{5}$
21. 22 books
22. 154 doodads

Practice 44

a. 2,000
b. 0.03
c. $\frac{7}{100}$
d. 73 years old
e. 120 gallons of water

Problem Set 44

1. True
2. False
3. C
4. E
5. 11,802
6. 25
7. 54
8. 1,830
9. 140
10. 8,000
11. 4,000
12. 87.64
13. 0.1
14. 0.23
15. 0.05
16. $\frac{7}{10}$
17. $\frac{51}{100}$
18. $\frac{3}{100}$
19. 50 feet
20. 126 square yards
21. 57 years old
22. 184 steak knives

Practice 45

a. 9,000
b. E
c. 813.24
d. 16 trees
e. 45 goldfish

Problem Set 45

1. True
2. True
3. False
4. 13,210
5. 58
6. 25
7. 2,984
8. 200
9. 11,000
10. 16,000
11. 0.31
12. 0.07
13. $\frac{9}{10}$
14. $\frac{1}{100}$
15. E
16. D
17. 637.52
18. 954.38
19. 22 feet
20. 70 square inches
21. 14 houses
22. 162 candy canes

Practice 46

a. 361.25
b. $\frac{13}{100}$
c. 20 dimes
d. 85 miles
e. 57 drawers

Problem Set 46

1. False
2. False
3. 11,041
4. 59
5. 3,000
6. 2,000
7. 0.57
8. 0.04
9. $\frac{43}{100}$
10. $\frac{3}{100}$
11. 342.51
12. 283.29
13. 53¢
14. 9¢
15. $\frac{1}{10}$
16. $\frac{1}{4}$
17. $\frac{11}{100}$
18. 16 quarters
19. 40 nickels
20. 48 yards
21. 54 specimens
22. 225 sheets of construction paper

Practice 47

a. $0.21
b. $0.04
c. D
d. 13 hot rods
e. 162 magic markers

Problem Set 47

1. False
2. True
3. 9,913
4. 46
5. 14,000
6. 10,000
7. 19,000
8. 193.38
9. 561.02
10. 0.06
11. $\frac{91}{100}$
12. $\frac{17}{100}$
13. D
14. $0.71
15. $0.96
16. $0.05
17. $32.41
18. D
19. C
20. 168 square feet
21. 11 tin soldiers
22. 72 hand bells

Practice 48

a. 100 nickels
b. $0.09
c. 124.98
d. 70 years old
e. 288 gummy kangaroos

Problem Set 48

1. True
2. False
3. 16,116
4. 26
5. 2,000
6. 5,000
7. 2,000
8. 719.54
9. 644.83
10. 0.09
11. $\frac{63}{100}$
12. $\frac{19}{100}$
13. 12 quarters
14. $0.67
15. $0.08
16. 25.6
17. 52.1
18. 97.95
19. 26.46
20. 56 feet
21. 66 years old
22. 192 ounces of soda

Practice 49

a. $0.57
b. 26.46
c. $0.97
d. 51 missiles
e. 84 shirts

Problem Set 49

1. True
2. True
3. 10,000
4. 15,000
5. 17, 000
6. 487.49
7. 0.08
8. $\frac{71}{100}$
9. $\frac{37}{100}$
10. $0.97
11. $0.03
12. 59.5
13. 32.3
14. 93.89
15. 43.31
16. $7.59

17. $2.44
18. 47¢
19. $0.85
20. 144 square inches
21. 24 copies
22. 128 cereal bars

QUIZ 7

1. True
2. False
3. 10,430
4. 38
5. 5,000
6. 7,000
7. 5,000
8. 734.68
9. 0.69
10. $\frac{29}{100}$
11. $\frac{23}{100}$
12. D
13. C
14. $0.99
15. $0.02
16. 76.8
17. 117.96
18. 53.43
19. $8.79
20. 22¢
21. $0.58
22. 40 feet
23. 40 hours
24. 186 snack crackers

Practice 50

a. 42.35
b. $0.25
c. 264
d. 22 people
e. 153 bunnies

Problem Set 50

1. False
2. True
3. 4,000
4. 7,000
5. 2,000
6. 923.65
7. 0.51
8. $\frac{53}{100}$
9. $0.82
10. $0.09
11. 23.1
12. 119.87
13. 63.22
14. $14.88
15. $4.27
16. 14¢
17. $0.61
18. 349
19. 483
20. 379
21. 47 people
22. 60 wild boars

Practice 51

a. $0.78
b. 288
c. 517
d. 65 years old
e. 108 wheels

Problem Set 51

1. True
2. True
3. 10,000
4. 15,000
5. 13,000
6. 891.53
7. 0.89
8. $\frac{17}{100}$
9. $0.45
10. $0.06
11. 127.79
12. 62.32
13. $9.97
14. $7.03
15. $0.52
16. 365
17. 388
18. 67
19. 427
20. 474
21. 63 years old
22. 98 people

Practice 52

a. 217
b. $71.83 < 71.89$
c. $27.34 > 27.3$
d. 23 puffy coats
e. 200 pinecones

Problem Set 52

1. True
2. True
3. 6,000
4. 7,000
5. 684.57
6. 0.39
7. $\frac{43}{100}$
8. $0.29
9. 138.98
10. 45.22
11. $16.32
12. $0.52
13. 788
14. 48
15. 247
16. 362
17. $49.6 > 4.96$
18. $86.37 < 86.57$
19. $62.51 < 62.56$
20. $45.23 > 45.2$
21. 41 kittens
22. 133 blocks

Practice 53

a. $32.9 < 32.92$
b. 89.76
c. 65.78
d. 49 roly-polies
e. 208 glasses of water

Problem Set 53

1. True
2. False
3. 13,000
4. 14,000
5. $\frac{77}{100}$
6. \$0.48
7. \$47.93
8. \$0.44
9. 488
10. 225
11. 379
12. 252
13. $9.43 < 94.3$
14. $35.28 < 35.48$
15. $17.33 > 17.32$
16. $56.9 < 56.96$
17. 65.88
18. 47.95
19. 58.7
20. 104.93
21. 70 bananas
22. 168 fighting swords

Practice 54

a. $13.79 > 13.7$
b. 39.78
c. 103.13
d. 24 pieces of space junk
e. 112 pawns

Problem Set 54

1. False
2. True
3. 1,000
4. 5,000
5. 0.87
6. \$0.50
7. \$60.16
8. \$0.79
9. 334
10. 385
11. 146
12. $15.6 > 1.56$
13. $52.45 < 52.65$
14. $93.83 > 93.82$
15. $26.14 > 26.1$
16. 89.91
17. 88.92
18. 101.7
19. 113.41
20. 152.11
21. 13 foes
22. 36 sails

Practice 55

a. 132.11
b. 31.7
c. 20.73
d. 62 action figures
e. 78 tables

Problem Set 55

1. False
2. True
3. 0.47
4. $\frac{29}{100}$
5. $\frac{31}{100}$
6. \$0.82
7. \$0.51
8. 177
9. 608
10. $42.52 > 42.32$
11. $27.91 < 27.93$
12. $531.2 < 531.29$
13. 37.84
14. 117.73
15. 99.6
16. 101.05
17. 62.6
18. 42.7
19. 53.48
20. 71.86
21. 54 photos
22. 115 offices

Practice 56

a. 22.37
b. 13.98
c. 60.29
d. 44 dog biscuits
e. 75 tacos

Problem Set 56

1. True
2. True
3. 0.19
4. 0.02
5. $\frac{63}{100}$
6. $\frac{7}{100}$
7. \$0.24
8. \$0.89
9. $32.863 < 328.63$
10. $841.56 > 841.53$
11. $52.13 < 52.23$
12. $721.6 < 721.62$
13. 89.28
14. 70.4
15. 104.34
16. 274
17. 51.77
18. 20.91
19. 31.79
20. 34.64
21. 30 cat snacks
22. 150 meatballs

Quiz 8

1. True
2. True
3. 0.77
4. $\frac{53}{100}$
5. $0.51
6. $0.63
7. 464
8. 298
9. 449
10. 327
11. 26.34 < 26.54
12. 370.21 < 370.23
13. 142.98 > 142.9
14. 88.84
15. 128.82
16. 67.7
17. 97.21
18. 40.8
19. 60.77
20. 52.28
21. 32.57
22. 30.81
23. 44 cats
24. 96 pieces of gum

Practice 57

a. 21.28
b. 2,748
c. 3,825
d. 44 frogs
e. 162 eggs

Problem Set 57

1. False
2. True
3. 0.67
4. 0.08
5. $\frac{59}{100}$
6. $\frac{9}{100}$
7. $0.94
8. $0.78
9. 64.54 > 64.14
10. 735.62 < 735.63
11. 897.5 < 897.51
12. 431.75 < 4,317.5
13. 89.46
14. 120.4
15. 98.44
16. 20.67
17. 33.04
18. 3,788
19. 4,829
20. 2,608
21. 14 turtles
22. 216 slices of cheese

Practice 58

a. 16.46
b. 4,867
c. 3,125
d. $24.75
e. $55.75

Problem Set 58

1. False
2. True
3. 0.29
4. 0.04
5. $\frac{39}{100}$
6. $\frac{3}{100}$
7. $0.76
8. $0.61
9. 70.15 > 70.05
10. 353.27 < 353.28
11. 619.8 < 619.83
12. 145.38
13. 121.1
14. 100.52
15. 57.66
16. 40.91
17. 23.28
18. 3,837
19. 4,685
20. 4,838
21. $51.65
22. $39.25

Practice 59

a. 20.21
b. 0.002
c. $\frac{7}{1{,}000}$
d. 58 eggs
e. $28.35

Problem Set 59

1. True
2. True
3. E
4. F
5. $0.61
6. $0.54
7. 120 nickels
8. 513.27 < 513.28
9. 25.681 > 25.68
10. 0.528
11. 0.005
12. 41.53
13. 72.54
14. 54.17
15. 3,129
16. 4,727
17. 0.521
18. 0.009
19. $\frac{183}{1{,}000}$
20. $\frac{3}{1{,}000}$
21. 62 pictures
22. $55.25

Practice 60

a. 2,679
b. 0.005

c. $\frac{9}{1,000}$
d. \$3.03
e. \$8.33

Problem Set 60

1. True
2. True
3. E
4. F
5. \$0.33
6. \$0.22
7. 32 quarters
8. $621.43 < 621.44$
9. $43.726 > 43.72$
10. 0.835
11. 0.002
12. 44.48
13. 90.87
14. 24.03
15. 2,689
16. 1,854
17. 0.397
18. 0.008
19. $\frac{231}{1,000}$
20. $\frac{1}{1,000}$
21. \$3.54
22. \$15.44

Practice 61

a. 2,737
b. 0.041
c. $\frac{13}{1,000}$
d. \$19.26
e. \$14.75

Problem Set 61

1. True
2. False
3. C
4. A
5. \$0.04
6. \$1.32
7. $\frac{63}{100}$
8. $92.537 > 92.53$
9. $5.173 < 5.175$
10. 0.074
11. 0.206
12. 60.37
13. 77.34
14. 32.86
15. 5,077
16. 2,158
17. 0.713
18. 0.029
19. $\frac{301}{1,000}$
20. $\frac{91}{1,000}$
21. \$11.07
22. \$9.25

Practice 62

a. 3
b. C
c. 7
d. \$5.35
e. \$16.09

Problem Set 62

1. True
2. False
3. $34.671 > 34.67$
4. $719.89 > 719.82$
5. 37.59
6. 92.52
7. 21.46
8. 3,775
9. 4,458
10. 0.913
11. 0.071
12. $\frac{847}{1,000}$
13. $\frac{13}{1,000}$
14. 3
15. 2
16. B
17. D
18. 8
19. 5
20. 7
21. \$5.55
22. \$12.51

Practice 63

a. 7
b. 64
c. 0
d. \$73.15
e. \$10.38

Problem Set 63

1. False
2. False
3. A
4. E
5. $75.816 > 75.81$
6. $35.217 < 35.219$
7. 48.59
8. 28.19
9. 4,559
10. 1,018
11. 0.043
12. $\frac{293}{1,000}$
13. C
14. 8
15. 36
16. 56
17. 0
18. 9
19. 5
20. 7
21. \$51.25

22. \$9.42

Quiz 9

1. True
2. True
3. \$0.05
4. \$32.41
5. $139.42 < 139.424$
6. $241.35 < 241.37$
7. 127.65
8. 140.74
9. 20.07
10. 3,878
11. 0.079
12. 0.003
13. $\frac{49}{1,000}$
14. $\frac{7}{1,000}$
15. C
16. A
17. 6
18. 14
19. 40
20. 0
21. 5
22. 8
23. \$5.08
24. \$8.44

Practice 64

a. 9
b. 4 R1
c. 2 R3
d. \$39.95
e. \$8.63

Problem Set 64

1. False
2. True
3. 719.4
4. 644.83
5. $471.59 > 471.58$
6. $325.81 < 325.817$
7. $\frac{61}{1,000}$
8. 0.259
9. 119.71
10. 100.32
11. 64.46
12. 3,268
13. C
14. 3
15. 16
16. 30
17. 0
18. 7
19. 7 R1
20. 6 R2
21. \$49.25
22. \$4.19

Practice 65

a. 40
b. 16
c. 11 R4
d. \$3.68
e. \$13.17

Problem Set 65

1. True
2. True
3. $291.34 < 291.348$
4. $62.124 > 62.123$
5. \$0.09
6. 40 dimes
7. 0.023
8. $\frac{41}{1,000}$
9. 120.06
10. 94.64
11. 2,356
12. 81.41
13. D
14. 36
15. 8
16. 2 R4
17. 15
18. 16
19. 23 R2
20. 11 R1
21. \$8.68
22. \$19.69

Practice 66

a. 2
b. 17
c. 16 R3
d. 7 trips
e. 6 flowers

Problem Set 66

1. True
2. False
3. D
4. 0.067
5. $\frac{827}{1,000}$
6. $487.162 > 487.16$
7. $27.264 > 27.261$
8. 127.19
9. 100.54
10. 3,627
11. 5,179
12. D
13. 7
14. 42
15. 3
16. 5 R2
17. 18
18. 42
19. 13 R3
20. 31 R2
21. 5 trips
22. 9 tomatoes

Practice 67

a. 12 R4
b. 8 inches
c. 3 inches

d. $12.22
e. 2 otters

Problem Set 67

1. True
2. True
3. False
4. A
5. C
6. 921.43 > 912.437
7. 36.154 < 36.256
8. 95.47
9. 80.63
10. 6,465
11. 44.32
12. 0.055
13. $\frac{3}{1,000}$
14. 32
15. 15
16. 17
17. 15 R3
18. 11 R2
19. 10 inches
20. 4 inches
21. $11.48
22. 7 players

Practice 68

a. Plain Quadrilateral
b. Trapezoid
c. Parallelogram
d. $8.21
e. 5 trips

Problem Set 68

1. True
2. False
3. D
4. C
5. A
6. 42.375 > 41.376
7. 163.572 > 163.57
8. 12.82
9. 2,478
10. 0.089
11. $\frac{9}{1,000}$
12. 18
13. 21
14. 19 R2
15. 12 R3
16. 14 inches
17. 5 inches
18. Plain Quadrilateral
19. Trapezoid
20. Parallelogram
21. $7.16
22. 9 trips

Practice 69

a. Parallelogram
b. 299
c. 448
d. $9.08
e. 42 golf balls

Problem Set 69

1. True
2. True
3. 257.419 < 275.411
4. 35.165 > 35.164
5. 70.73
6. 1,568
7. 0.015
8. $\frac{99}{1,000}$
9. 14
10. 17
11. 14 R5
12. 15 R1
13. 18 inches
14. 6 inches
15. Parallelogram
16. Trapezoid
17. 504
18. 726
19. 1,312
20. 676
21. $8.63
22. 34 liters of soda

Practice 70

a. 1,008
b. 3,000
c. 1,500
d. $15.02
e. 6 days

Problem Set 70

1. True
2. True
3. 2,639
4. 13.17
5. 39.7
6. 360.82
7. 46
8. 19 R1
9. 11 R2
10. 24 inches
11. 8 yards
12. Square
13. Plain Quadrilateral
14. 528
15. 448
16. 1,464
17. 1,023
18. 2,000
19. 2,700
20. 4,000
21. $15.26
22. 5 days

Quiz 10

1. False
2. True
3. $0.06
4. $40.21
5. 2,719
6. 31.84
7. 0.127

8. $\frac{611}{1,000}$
9. 17
10. 24 R2
11. 11 R1
12. 22 feet
13. 9 yards
14. Rhombus
15. Trapezoid
16. 1,376
17. 496
18. 1,734
19. 1,679
20. 1,200
21. 5,400
22. 2,400
23. $11.12
24. 3 muffins

Practice 71

a. 1,638
b. 1,972
c. 1,800
d. $30.75
e. 8 days

Problem Set 71

1. True
2. True
3. 11.16
4. 4,577
5. 0.923
6. $\frac{109}{1,000}$
7. 907.51
8. 260.04
9. 14
10. 17 R2
11. 12 R3
12. 7 feet
13. Rectangle
14. 2,754
15. 1,134
16. 3,225
17. 3,354
18. 300
19. 2,000
20. 2,400
21. $36.65
22. 9 jets

Practice 72

a. 3,115
b. 100,152
c. 5,600
d. $13.34
e. 9 flowers

Problem Set 72

1. True
2. True
3. D
4. C
5. 6,210
6. 30.73
7. 0.057
8. $\frac{7}{1,000}$
9. 27
10. 14 R1
11. 19 R2
12. 30 feet
13. Parallelogram
14. 3,655
15. 2,496
16. 26,199
17. 138,672
18. 1,000
19. 1,200
20. 4,500
21. $12.63
22. 7 books

Practice 73

a. 4,161
b. 128,856
c. 111,072
d. $13.07
e. 6 cupcakes

Problem Set 73

1. False
2. False
3. 81.36
4. 1,219
5. 0.002
6. $\frac{89}{1,000}$
7. 36 quarters
8. 22
9. 12 R2
10. 15 R3
11. 11 yards
12. Square
13. Trapezoid
14. 1,519
15. 1,170
16. 3,634
17. 90,099
18. 85,118
19. 1,200
20. 3,500
21. $15.24
22. 8 doggy treats

Practice 74

a. 300 minutes
b. 9:32 a.m.
c. 8:35 a.m.
d. $11.57
e. 84 nails

Problem Set 74

1. True
2. True
3. True
4. $0.86
5. $0.07
6. 13 R3
7. 16 R2
8. 32 yards

9. Parallelogram
10. 360 minutes
11. 1,440 seconds
12. 8:21 a.m.
13. 3:42 p.m.
14. 11:15 a.m.
15. 5:10 p.m.
16. 5,504
17. 2,438
18. 93,218
19. 3,000
20. 2,400
21. $16.13
22. 120 bottles

Practice 75

a. 6:45 a.m.
b. 76
c. 75 R3
d. $28.05
e. 8 crayons

Problem Set 75

1. True
2. True
3. 2,525
4. 50.08
5. 12 feet
6. Trapezoid
7. 420 minutes
8. 840 seconds
9. 9:35 p.m.
10. 6:43 a.m.
11. 10:30 a.m.
12. 11:50 p.m.
13. 1,102
14. 3,895
15. 150,609
16. 600
17. 1,500
18. 24 R2
19. 97
20. 42 R1
21. $7.62
22. 2 hotdogs

Practice 76

a. 94 R2
b. 319
c. 168 R3
d. $18.11
e. 4 pieces of candy

Problem Set 76

1. True
2. True
3. $10.39
4. $0.04
5. 540 minutes
6. 960 seconds
7. 10:27 a.m.
8. 5:33 p.m.
9. 9:55 a.m.
10. 3:05 p.m.
11. 4,371
12. 4,704
13. 76,472
14. 1,200
15. 3,600
16. 64
17. 43 R3
18. 428
19. 255
20. 159 R1
21. $15.64
22. 5 wildflowers

Practice 77

a. 212
b. 156 R2
c. 11 R1
d. $18.42
e. 5 cans of tennis balls

Problem Set 77

1. False
2. True
3. 0.211
4. $\frac{107}{1,000}$
5. 2,821
6. 51.09
7. 480 minutes
8. 9:41 a.m.
9. 6:25 a.m.
10. 7:35 p.m.
11. 2,080
12. 2,628
13. 302,408
14. 4,800
15. 400
16. 72
17. 231
18. 149 R3
19. 32 R2
20. 11
21. $6.82
22. 6 tables

Quiz 11

1. True
2. True
3. 740.91
4. 209.08
5. $17.02
6. 100 nickels
7. 2,435
8. 30.54
9. 1,500 seconds
10. 1:19 p.m.
11. 7:55 a.m.
12. 2:15 p.m.
13. 2,494
14. 5,440
15. 87,709
16. 4,500
17. 2,000
18. 42 R2
19. 117
20. 179 R2
21. 11 R2
22. 11 R3
23. $15.52

24. 108 pecan trees

Practice 78

a. 11 R1
b. 3
c. 400
d. $14.11
e. 6 model airplanes

Problem Set 78

1. False
2. False
3. 0.027
4. $\frac{409}{1,000}$
5. 900 seconds
6. 7:12 p.m.
7. 8:45 a.m.
8. 9:10 p.m.
9. 4,560
10. 2,496
11. 65,436
12. 4,800
13. 3,500
14. 65 R4
15. 216
16. 132 R3
17. 11 R2
18. 4
19. 20
20. 200
21. $8.38
22. 6 fishing lures

Practice 79

a. 2,000
b. 11 R2
c. 23 R15
d. $17.55
e. 150 pages

Problem Set 79

1. True
2. False
3. 44 quarters
4. 11 inches
5. 131.55
6. 135.32
7. 1,020 minutes
8. 8:26 a.m.
9. 6:35 p.m.
10. 32,968
11. 123,288
12. 2,700
13. 3,200
14. 40
15. 300
16. 1,000
17. 74 R5
18. 114 R2
19. 11 R2
20. 21 R1
21. $18.22
22. 525 golf balls

Practice 80

a. 22 R4
b. 40
c. 109
d. $15.56
e. 5 spools of thread

Problem Set 80

1. True
2. True
3. 0.083
4. $\frac{3}{1,000}$
5. $6.74
6. $0.91
7. 1,140 seconds
8. 10:48 p.m.
9. 1,197
10. 215,694
11. 3,500
12. 400
13. 2
14. 30
15. 1,000
16. 128 R3
17. 23 R3
18. 22 R5
19. 50
20. 204
21. $16.17
22. 4 trinkets

Practice 81

a. 31 days
b. 309
c. 33 R1
d. $17.61
e. 177 years

Problem Set 81

1. True
2. False
3. False
4. 900.52
5. 781.06
6. 1,440 minutes
7. 11:08 a.m.
8. 31 days
9. Wednesday
10. 1,755
11. 116,424
12. 5,600
13. 2,400
14. 3
15. 30
16. 2,000
17. 216 R1
18. 80
19. 208
20. 32 R7
21. $13.05
22. 127 years

Practice 82

a. 50
b. 108 R2
c. 102 R3

d. 14 sections
e. 25 strawberry plants

Problem Set 82

1. 0.023
2. $\frac{101}{1,000}$
3. 20 quarters
4. 46 feet
5. $92.03
6. $0.57
7. 1,320 seconds
8. 50 decades
9. Thursday
10. 2,016
11. 52,451
12. 800
13. 1,600
14. 30
15. 20
16. 2,000
17. 148 R1
18. 70
19. 103 R4
20. 103 R1
21. 14 levels
22. 18 coins

Practice 83

a. 50
b. 107 R1
c. 102 R1
d. 38 words
e. 82

Problem Set 83

1. False
2. False
3. $\frac{71}{100}$
4. 13 yards
5. Parallelogram
6. 3,869
7. 36.99
8. 1,740 minutes
9. 30 days
10. Monday
11. 2,697
12. 256,676
13. 5,400
14. 600
15. 10
16. 4,000
17. 288 R2
18. 50
19. 109 R2
20. 109 R1
21. 36 pages
22. 89

Practice 84

a. 98%
b. 103 R1
c. 101 R1
d. 96 years
e. 55 gumballs

Problem Set 84

1. True
2. True
3. 0.709
4. $\frac{57}{100}$
5. Trapezoid
6. 79.75
7. 1,937
8. 40 decades
9. 2,700 seconds
10. Sunday
11. 7,136
12. 666,204
13. 2%
14. 93%
15. 97%
16. 200
17. 10
18. 155 R4
19. 105 R3
20. 102 R1
21. 76 years
22. 46 cookies

Quiz 12

1. True
2. True
3. 0.163
4. $\frac{11}{1,000}$
5. 62 feet
6. $21.08
7. $0.65
8. 2,820 seconds
9. 31 days
10. Sunday
11. 4,898
12. 104,125
13. 3%
14. 73%
15. 99%
16. 30
17. 400
18. 10
19. 157 R2
20. 105 R1
21. 91 R2
22. 296 years
23. $11.66
24. 41 passengers

Practice 85

a. 52%
b. 75%
c. 46 R7
d. $4.77
e. 14 hover lawnmowers

Problem Set 85

1. True
2. True
3. True

4. $0.95
5. $10.42
6. 68 quarters
7. 40.01
8. 113.37
9. 60 decades
10. 2,220 minutes
11. 17,748
12. 74,124
13. 87%
14. 2%
15. 50%
16. 25%
17. 75%
18. 109 R1
19. 187
20. 52 R3
21. $6.58
22. 15 picture frames

Practice 86

a. $\frac{9}{100}$
b. 67%
c. 206 R1
d. 17 pages
e. 56

Problem Set 86

1. False
2. True
3. 14 yards
4. Rectangle
5. 94.07
6. 1,588
7. 1,740 seconds
8. 30 days
9. 18%
10. 25%
11. 75%
12. $\frac{37}{100}$
13. $\frac{3}{100}$
14. 19%
15. 51%
16. 15,372
17. 181,158
18. 213
19. 109 R1
20. 204 R2
21. 25 boxes
22. 61 bullseyes

Practice 87

a. 60 inches
b. 9 feet
c. 112 R5
d. $13.02
e. 13 rounds

Problem Set 87

1. False
2. False
3. Parallelogram
4. 380 nickels
5. $70.14
6. $0.09
7. 70 decades
8. 1,920 minutes
9. 58%
10. 25%
11. $\frac{77}{100}$
12. $\frac{11}{100}$
13. 27%
14. 41%
15. 48 inches
16. 27 feet
17. 45,653
18. 208,403
19. 106 R2
20. 111 R3
21. $15.56
22. 21 marshmallow treats

Practice 88

a. 112 ounces
b. 48 quarts
c. 77 R5
d. 48 years
e. 84

Problem Set 88

1. False
2. True
3. True
4. 2,820 minutes
5. 31 days
6. 74%
7. 50%
8. $\frac{91}{100}$
9. $\frac{23}{100}$
10. 83%
11. 59%
12. 36 inches
13. 18 feet
14. 32 ounces
15. 16 pints
16. 52 quarts
17. 5,616
18. 169,092
19. 78 R1
20. 93 R5
21. 290 years
22. 85

Practice 89

a. 24 quarts
b. 80 ounces
c. 106 R2
d. $5.48
e. 29 sandwiches

Problem Set 89

1. False
2. False
3. 100 quarters

4. \$0.52
5. 3,540 seconds
6. 75%
7. 9%
8. 49%
9. 11%
10. $\frac{81}{100}$
11. $\frac{33}{100}$
12. 84 inches
13. 64 ounces
14. 12 pints
15. 56 quarts
16. 128 ounces
17. 14,127
18. 91,848
19. 306 R1
20. 105 R1
21. \$1.76
22. 42 samples

Practice 90

a. 70 centimeters
b. 60 decimeters
c. 312 R1
d. \$16.17
e. 58 pieces

Problem Set 90

1. True
2. False
3. True
4. 80 decades
5. 25%
6. 96%
7. 77%
8. $\frac{3}{100}$
9. 5,247
10. 62.63
11. 24 feet
12. 72 inches
13. 60 quarts
14. 144 ounces
15. 50 centimeters
16. 20 decimeters
17. 11, 214
18. 107,865
19. 121 R3
20. 312 R2
21. \$20.83
22. 44 beans

Practice 91

a. 15 kiloliters
b. 25 grams
c. 145 R1
d. 38 galaxy bots
e. 93

Problem Set 91

1. True
2. False
3. True
4. 92 inches
5. Plain quadrilateral
6. \$90.62
7. \$0.05
8. 2,100 minutes
9. 7%
10. $\frac{49}{100}$
11. 62%
12. 25,625
13. 123,414
14. 240 ounces
15. 64 ounces pounds
16. 40 decimeters
17. 8 kiloliters
18. 45 grams
19. 109 R2
20. 152 R1
21. 29 thimbles
22. 84

Quiz 13

1. True
2. False
3. 480 nickels
4. \$0.44
5. 31 days
6. 2,940
7. 94%
8. $\frac{49}{100}$
9. $\frac{87}{100}$
10. 9%
11. 21%
12. 57,672
13. 73,982
14. 18 feet
15. 18 pints
16. 112 ounces
17. 80 decimeters
18. 15 centiliters
19. 30 grams
20. 215 R2
21. 109 R1
22. 93 R3
23. \$6.32
24. 23 tokens

Practice 92

a. 8,800 yards
b. $\frac{5}{9}$
c. $\frac{1}{11}$
d. 75 yards
e. 24 silly oven mitts

Problem Set 92

1. False
2. True
3. 18 feet
4. 2,700 minutes
5. 7 %
6. $\frac{93}{100}$
7. 57%

8. 15,408
9. 140,013
10. 156 R5
11. 109 R2
12. 7,040 yards
13. 128 ounces
14. 12 quarts
15. 96 ounces
16. 20 decimeters
17. $\frac{4}{7}$
18. $\frac{11}{15}$
19. $\frac{2}{5}$
20. $\frac{3}{13}$
21. 47 seconds
22. 24 purses

Practice 93

a. Improper
b. $\frac{3}{3} = 1$
c. $\frac{10}{11}$
d. $13.28
e. 44 flaming arrows

Problem Set 93

1. True
2. True
3. True
4. True
5. 12 feet
6. 60 centimeters
7. C
8. A
9. B
10. Proper
11. Improper
12. Improper
13. $1\frac{1}{6} > 1$
14. $1 = \frac{5}{5}$
15. 226,394
16. 57 R1
17. $\frac{7}{9}$
18. $\frac{9}{17}$
19. $\frac{2}{7}$
20. $\frac{5}{19}$
21. $11.42
22. 31 installations

Practice 94

a. $1\frac{2}{3}$
b. $\frac{13}{25}$
c. $1\frac{1}{5}$
d. 132 years
e. 14 helicopters

Problem Set 94

1. False
2. True
3. 64 ounces
4. 96 inches
5. $1\frac{1}{2}$
6. $1\frac{3}{10}$
7. Improper
8. Improper
9. Proper
10. $1 > \frac{3}{8}$
11. $\frac{14}{14} = 1$
12. 13,536
13. 205 R3
14. $\frac{8}{13}$
15. $\frac{10}{21}$
16. $\frac{4}{15}$
17. $\frac{6}{23}$
18. $1\frac{1}{8}$
19. $2\frac{1}{3}$
20. $6\frac{1}{2}$
21. 152 years
22. 15 gingerbread houses

Practice 95

a. $1\frac{7}{8}$
b. $3\frac{1}{6}$
c. $\frac{6}{31}$
d. 9 cups
e. $7\frac{3}{8}$ pieces of fabric

Problem Set 95

1. True
2. True
3. 48 ounces
4. 22 pints
5. 220 decimeters
6. $1\frac{3}{7}$

7. $1\frac{1}{6}$
8. $\frac{4}{4} = 1$
9. $1 < \frac{12}{11}$
10. Improper
11. Proper
12. Improper
13. 131 R4
14. 115,568
15. $4\frac{1}{4}$
16. $2\frac{5}{8}$
17. $\frac{1}{5}$
18. $\frac{10}{27}$
19. $\frac{8}{9}$
20. $\frac{25}{29}$
21. 8 sacks
22. $9\frac{3}{5}$ pieces of ribbon

Practice 96

a. $6\frac{1}{3}$
b. $5\frac{7}{11}$
c. 9
d. 32 siege pods
e. 4 shelves

Problem Set 96

1. False
2. True
3. $\frac{9}{100}$
4. $\frac{71}{100}$
5. 5,280 yards
6. 108 inches
7. 44 pints
8. 30 meters
9. $1 < \frac{7}{6}$
10. $\frac{13}{14} < 1$
11. Proper
12. Improper
13. 7,092
14. 209 R2
15. $5\frac{1}{7}$
16. $6\frac{3}{4}$
17. $\frac{19}{33}$
18. $\frac{13}{35}$
19. $6\frac{4}{7}$
20. 8
21. 63 strikeouts
22. 8 baskets

Practice 97

a. $11\frac{13}{15}$
b. $3\frac{4}{9}$
c. 5
d. $12.62
e. 24 ladybug backpacks

Problem Set 97

1. True
2. True
3. 0.023
4. 0.493
5. 32 ounces
6. 64 pints
7. $2\frac{5}{6}$
8. $3\frac{1}{3}$
9. Improper
10. Improper
11. 53 R3
12. 100,688
13. $6\frac{1}{4}$
14. $4\frac{1}{7}$
15. $\frac{13}{23}$
16. $\frac{18}{25}$
17. $8\frac{5}{9}$
18. $10\frac{9}{13}$
19. $4\frac{4}{7}$
20. 4
21. $8.33
22. 18 painted hairbrushes

Practice 98

a. $1\frac{1}{15}$
b. 3
c. $\frac{1}{2}$ and $\frac{4}{8}$
d. $9.94
e. 89

Problem Set 98

1. True
2. True
3. 112 quarters

4. \$73.14
5. $\frac{39}{100}$
6. 63%
7. $3\frac{3}{5}$
8. $2\frac{5}{8}$
9. 156 inches
10. 80 ounces
11. 16,744
12. 102 R3
13. $4\frac{2}{3}$
14. $6\frac{1}{5}$
15. $\frac{16}{17}$
16. $\frac{2}{19}$
17. $13\frac{10}{11}$
18. $7\frac{3}{13}$
19. 4
20. $\frac{1}{3}$ and $\frac{2}{6}$
21. \$12.72
22. 85

Quiz 14

1. True
2. True
3. $\frac{609}{1,000}$
4. 0.059
5. Proper
6. Improper
7. $\frac{5}{5} = 1$
8. $\frac{7}{9} < 1$
9. $2\frac{3}{4}$
10. $4\frac{1}{3}$
11. 912 inches
12. 50 meters
13. 89 R8
14. 105,987
15. $3\frac{4}{5}$
16. $3\frac{1}{9}$
17. $\frac{11}{25}$
18. $\frac{2}{17}$
19. $6\frac{10}{21}$
20. $3\frac{2}{23}$
21. 4
22. $\frac{3}{4}$ and $\frac{6}{8}$
23. 88 yards
24. 10 pouches

Practice 99

a. $11\frac{4}{5}$
b. $\frac{2}{10}$ and $\frac{1}{5}$
c. $\frac{2}{3}$
d. 175 years
e. 7 Christmas tins

Problem Set 99

1. True
2. True
3. 21 yards
4. Trapezoid
5. $3\frac{1}{4}$
6. $2\frac{5}{6}$
7. 12,320 yards
8. 256 ounces
9. $1\frac{5}{9}$
10. $4\frac{3}{8}$
11. 125
12. 224,551
13. $\frac{9}{11}$
14. $\frac{4}{9}$
15. $12\frac{11}{17}$
16. $3\frac{7}{13}$
17. 6
18. $\frac{2}{3}$ and $\frac{6}{9}$
19. $\frac{3}{4}$
20. $\frac{4}{5}$
21. 128 years
22. 26 bags

Practice 100

a. $\frac{1}{2}$
b. $\frac{5}{6}$
c. Not reducible
d. 70 slices of pizza
e. \$6.26

Problem Set 100

1. True
2. True

3. 132 inches
4. 76 quarts
5. 50 decimeters
6. $4\frac{3}{5}$
7. $4\frac{5}{9}$
8. 10,404
9. 41 R1
10. 109 R1
11. $\frac{8}{15}$
12. $\frac{4}{17}$
13. $9\frac{4}{23}$
14. $3\frac{2}{13}$
15. $2\frac{1}{3}$
16. 3
17. $\frac{1}{3}$
18. $\frac{4}{5}$
19. $\frac{2}{3}$
20. Not reducible
21. 102 candy canes
22. $8.42

Practice 101

a. $\frac{1}{3}$
b. $\frac{1}{6} < \frac{5}{6}$
c. $\frac{3}{7} > \frac{4}{14}$
d. $14.14
e. 36 floppy hats

Problem Set 101

1. True
2. True
3. 14,080 yards
4. 128 ounces
5. 22 pints
6. $5\frac{1}{6}$
7. $3\frac{1}{8}$
8. 104 R2
9. 448,716
10. $\frac{5}{7}$
11. $\frac{6}{11}$
12. $7\frac{17}{21}$
13. $2\frac{5}{19}$
14. 2
15. $\frac{5}{6}$
16. $\frac{1}{3}$
17. Not reducible
18. $\frac{4}{5} > \frac{2}{5}$
19. $\frac{3}{12} < \frac{3}{4}$
20. $\frac{2}{3} = \frac{4}{6}$
21. $15.49
22. 28 butterfly capes

Practice 102

a. $\frac{6}{10} < \frac{4}{5}$
b. $\frac{1}{6}$
c. $7\frac{1}{5}$
d. 48 words
e. 45 fuse boxes

Problem Set 102

1. True
2. False
3. $\frac{89}{100}$
4. 13%
5. 13,161
6. 125 R2
7. 24 inches
8. 70 meters
9. $8\frac{1}{2}$
10. $4\frac{5}{7}$
11. $\frac{3}{5}$
12. $\frac{1}{6}$
13. Not reducible
14. $\frac{5}{7} < \frac{6}{7}$
15. $\frac{6}{16} > \frac{1}{8}$
16. $\frac{6}{17}$
17. $\frac{2}{3}$
18. $\frac{1}{2}$
19. $5\frac{1}{9}$
20. $5\frac{3}{4}$
21. 36 words
22. 57 jousting runs

Practice 103

a. $\frac{7}{12}$

b. $\frac{8}{15}$
c. $7\frac{1}{2}$
d. 324 houses
e. $15.65

Problem Set 103

1. True
2. True
3. 83 R5
4. 1,980
5. 108 R3
6. 78 feet
7. 224 ounces
8. 24 quarts
9. $5\frac{4}{5}$
10. $6\frac{1}{7}$
11. Not reducible
12. $\frac{4}{5}$
13. $\frac{8}{9} > \frac{7}{9}$
14. $\frac{2}{14} = \frac{1}{7}$
15. $\frac{8}{19}$
16. $\frac{3}{5}$
17. $\frac{5}{6}$
18. $\frac{5}{14}$
19. $1\frac{2}{13}$
20. $5\frac{1}{2}$
21. 665 push-ups
22. $14.35

Practice 104

a. $\frac{11}{18}$
b. $\frac{6}{7}$
c. $\frac{3}{4}$
d. 154 cans
e. $7\frac{3}{8}$ pieces

Problem Set 104

1. True
2. False
3. 109 R1
4. 984
5. 272 ounces
6. 10,560 yards
7. 360 decimeters
8. $4\frac{3}{4}$
9. $5\frac{5}{6}$
10. $\frac{5}{11} < \frac{6}{11}$
11. $\frac{5}{12} < \frac{5}{6}$
12. $\frac{12}{13}$
13. $\frac{1}{3}$
14. $\frac{9}{10}$
15. $\frac{5}{16}$
16. $7\frac{3}{5}$
17. $1\frac{2}{3}$
18. $\frac{7}{9}$
19. $\frac{2}{11}$
20. $\frac{1}{2}$
21. 232 mini candy bars
22. $7\frac{4}{7}$ pieces

Practice 105

a. $\frac{2}{3}$
b. 9.685
c. 8.61
d. $7.79
e. 29 pages

Problem Set 105

1. False
2. False
3. 85.36
4. 23.041
5. 37.09
6. 17.12
7. 26 pints
8. 240 ounces
9. $\frac{1}{7}$
10. Not reducible
11. $\frac{1}{6}$
12. $\frac{3}{4}$
13. $\frac{1}{2}$
14. $12\frac{5}{9}$
15. $\frac{10}{13}$
16. $\frac{5}{14}$

17. $\frac{2}{3}$
18. 6.195
19. 7.764
20. 21.72
21. $6.23
22. 36 hours

Practice 106

a. 16.34
b. 167.3
c. 52
d. 132 years
e. 22 apples

Problem Set 106

1. True
2. False
3. 63 feet
4. 44 quarts
5. 107 R1
6. 124 R4
7. $2\frac{2}{9}$
8. $4\frac{4}{7}$
9. $\frac{13}{15}$
10. $\frac{1}{9}$
11. $4\frac{1}{5}$
12. $\frac{1}{6}$
13. $\frac{5}{17}$
14. $\frac{9}{16}$
15. 19.968
16. 22.32
17. 245.1
18. 342.5
19. 74
20. 236,700
21. 339 years
22. 23 medallions

Practice 107

a. $\frac{1}{4}$
b. 92
c. 55.02
d. $57.75
e. $8.33

Problem Set 107

1. True
2. True
3. 51.21
4. 42.65
5. 251 R1
6. 208 R1
7. 168 inches
8. 90 meters
9. $\frac{1}{8}$
10. $\frac{1}{4}$
11. $\frac{7}{9}$
12. $\frac{3}{4}$
13. $3\frac{5}{7}$
14. $\frac{5}{21}$
15. $\frac{9}{19}$
16. $\frac{1}{2}$
17. 841.2
18. 81
19. 8.711
20. 63.44
21. $28.35
22. $10.33

Practice 108

a. 65.8
b. 29.16
c. 63.04
d. 85
e. $27.00

Problem Set 108

1. True
2. False
3. 73.05
4. 31.23
5. $1 < \frac{7}{6}$
6. $\frac{2}{9} > \frac{2}{18}$
7. 3520 yards
8. 32 ounces
9. 23.4
10. Not reducible
11. $\frac{1}{4}$
12. $\frac{1}{24}$
13. $7\frac{1}{2}$
14. $\frac{2}{7}$
15. $\frac{8}{11}$
16. 162.53
17. 6.8
18. 16.562
19. 41.75
20. 35.73
21. 92
22. $7.50

Quiz 15

1. False
2. False
3. $\frac{2}{5} < 1$

4. $\frac{5}{15} < \frac{2}{3}$
5. 120.11
6. 35.25
7. 80 ounces
8. 4 pints
9. $3\frac{1}{4}$
10. $3\frac{1}{5}$
11. $\frac{1}{5}$
12. $13\frac{2}{3}$
13. $\frac{4}{5}$
14. $\frac{3}{14}$
15. $\frac{14}{19}$
16. 785.2
17. 109
18. 42.9
19. 30.61
20. 7,608
21. 19.437
22. 66.88
23. 225 golf balls
24. $17.23

Practice 109

a. $\frac{1}{3}$
b. 21.92
c. 0.078
d. 21 cookie jars
e. $12.35

Problem set 109

1. True
2. True
3. 91 R1
4. 207 R3
5. $7\frac{1}{8}$
6. $9\frac{1}{4}$
7. 60 inches
8. 120 decimeters
9. 240 ounces
10. $\frac{1}{2}$
11. Not reducible
12. $\frac{1}{7}$
13. $4\frac{5}{9}$
14. $\frac{9}{13}$
15. $\frac{1}{4}$
16. 1,437.5
17. 847
18. 34.083
19. 16.38
20. 0.084
21. 31 beaded necklaces
22. $7.65

Practice 110

a. 0.034
b. 25.4
c. 119.2
d. 34 missiles
e. $14.25

Problem Set 110

1. True
2. True
3. 46.02
4. 37.37
5. 45 feet
6. 48 ounces
7. $8\frac{4}{5}$
8. $7\frac{2}{9}$
9. $11\frac{1}{3}$
10. $\frac{5}{17}$
11. $\frac{16}{19}$
12. $\frac{1}{5}$
13. 2,984.6
14. 1,269
15. 39.975
16. 0.087
17. 89
18. 102 R3
19. 66.9
20. 125.7
21. 33 homeruns
22. $22.05

Practice 111

a. 81.27
b. 0.732
c. 64.2
d. 110 years
e. $12.23

Problem Set 111

1. True
2. False
3. True
4. 68 quarts
5. 192 inches
6. $\frac{8}{11} < 1$
7. $\frac{3}{12} = \frac{1}{4}$
8. $2\frac{4}{7}$
9. $\frac{5}{16}$

10. $\frac{7}{9}$
11. $\frac{1}{18}$
12. 513.2
13. 15
14. 15.43
15. 17.329
16. 0.207
17. 33.08
18. 0.048
19. 42.7
20. 138.5
21. 122 years
22. $13.48

Practice 112

a. 5.076
b. 0.652
c. 77.3
d. 85
e. $2.31

Problem Set 112

1. 42.03
2. 60.69
3. 400 ounces
4. 8,800 yards
5. Not reducible
6. $\frac{5}{6}$
7. $\frac{11}{21}$
8. $4\frac{1}{4}$
9. $\frac{10}{11}$
10. $\frac{1}{4}$
11. 782.4
12. 428
13. 36.148
14. 8.045
15. 0.136
16. 38,376
17. 37.17
18. 0.075
19. 69.7
20. 132.4
21. 77
22. $1.27

Practice 113

a. 157.9
b. 7
c. $3\frac{3}{4}$
d. $1.75
e. $7.85

Problem Set 113

1. True
2. True
3. 15 feet
4. 64 ounces
5. $\frac{1}{4}$
6. $12\frac{1}{3}$
7. $\frac{9}{13}$
8. $\frac{1}{3}$
9. 931.2
10. 517
11. 622.17
12. 2.158
13. 16.35
14. 0.092
15. 45.8
16. 247.6
17. 8
18. 35
19. $4\frac{1}{4}$
20. $7\frac{1}{2}$
21. $1.35
22. $6.35

Practice 114

a. 4
b. 12
c. 7
d. $21.14
e. 22 flowers

Problem Set 114

1. True
2. True
3. 12 quarts
4. 144 ounces
5. $\frac{1}{2}$
6. $3\frac{4}{7}$
7. $\frac{5}{8}$
8. 585.1
9. 142.6
10. 3.195
11. 0.425
12. 60.75
13. 0.085
14. 65.9
15. 59.4
16. 9
17. $8\frac{1}{4}$
18. 3
19. 16
20. 8
21. $16.57
22. 29 magazines

Quiz 16

1. True
2. False

3. 14 pints
4. 45 feet
5. $\frac{1}{2}$
6. $\frac{2}{3}$
7. $7\frac{7}{11}$
8. $\frac{9}{14}$
9. 4,673.2
10. 1,372.96
11. 257.61
12. 8.124
13. 37.29
14. 0.084
15. 53.4
16. 73.9
17. 7
18. 45
19. 5
20. 12
21. 10
22. 5
23. 45 denim aprons
24. $23.84